BEI GRIN MACHT SICH IHR WISSEN BEZAHLT

AF148296

- Wir veröffentlichen Ihre Hausarbeit,
  Bachelor- und Masterarbeit

- Ihr eigenes eBook und Buch -
  weltweit in allen wichtigen Shops

- Verdienen Sie an jedem Verkauf

Jetzt bei www.GRIN.com hochladen und kostenlos publizieren

Julia Bohlmann

Intersektionalität - Theoretische und methodologische Ausdifferenzierungen

GRIN Verlag

Bibliografische Information der Deutschen Nationalbibliothek:

Die Deutsche Bibliothek verzeichnet diese Publikation in der Deutschen National-
bibliografie; detaillierte bibliografische Daten sind im Internet über http://dnb.d-
nb.de/ abrufbar.

Impressum:

Copyright © 2008 GRIN Verlag GmbH
Druck und Bindung: Books on Demand GmbH, Norderstedt Germany
ISBN: 978-3-640-42540-2

Dieses Buch bei GRIN:

http://www.grin.com/de/e-book/135215/intersektionalitaet-theoretische-und-
methodologische-ausdifferenzierungen

GRIN - Your knowledge has value

Der GRIN Verlag publiziert seit 1998 wissenschaftliche Arbeiten von Studenten, Hochschullehrern und anderen Akademikern als eBook und gedrucktes Buch. Die Verlagswebsite www.grin.com ist die ideale Plattform zur Veröffentlichung von Hausarbeiten, Abschlussarbeiten, wissenschaftlichen Aufsätzen, Dissertationen und Fachbüchern.

Besuchen Sie uns im Internet:

http://www.grin.com/

http://www.facebook.com/grincom

http://www.twitter.com/grin_com

Intersektionalität - Theoretische und methodologische Ausdifferenzierungen

Ausarbeitung des Referats vom 28.05.2008

Textgrundlagen: McCall, Leslie (2005), The complexity of intersectionality, in Signs, Journal of Women in Culture and Society 2005, vol 30, 3 (1772-1800) Klinger, Cornelia / Knapp, Gudrun-Axeli (Hg.) (2007), Achsen der Unggleichheit – Achsen der Differenz: Verhältnisbestimmungen von Klasse, Geschlecht, „Rasse"/Ethnizität, in: Klinger, Cornelia/ Knapp, Gudrun-Axeli/ Sauer, Birgit (Hg.) (2007), Achsen der Ungleichheit, Zum Verhältnis von Klasse, Geschlecht und Ethnizität, Frankfurt/ New York (19-41)

Aufbau:

1. Vorgehen
2. Hintergrund
3. Drei Ebenen der Komplexität (nach McCall)
4. Der Ansatz Klinger/Knapps
5. Intersektionalität in der Ungleichheitssoziologie
6. Intersektionalität als Mittel zur gesellschaftstheoretischen Reflexion
7. Achsen der Ungleichheit
8. Fazit

1) Vorgehen

„Theoretische und methodologische Ausdifferenzierungen" in Hinblick auf die *intersectionality* -Debatte – das klingt kompliziert und schwer zu erklären. Ich möchte in dieser Ausarbeitung einmal versuchen, das Thema leichter verständlich zu formulieren. Gelegentlich werde ich daher zur Veranschaulichung zusätzliche Erklärungen und Beispiele einfügen.

Zunächst soll eine Begriffsklärung und ein Abriss der Entwicklung der *intersectionality* erfolgen. Dann werde ich auf die drei Ebenen der Komplexität des Themas nach Leslie McCall eingehen. Danach folgt die Erläuterung meines Haupttextes von Cornelia Klinger und Gudrun-Axeli Knapp. Am Schluss steht ein Fazit.

2) Hintergrund

Der Begriff *intersectionality* wurde geprägt von Kimberle Crenshaw, einer US-amerikanischen Juristin. Gudrun-Axeli Knapp führte ihn unter dem Stichwort „Intersektionalität" in ihrem 2005 veröffentlichten Artikel „''Intersectionality'' - ein neues Paradigma feministischer Theorie? Zur transatlantischen Reise von ''Race, Class, Gender''" in die deutsche Debatte ein. *Intersections*, von denen Crenshaw spricht, meinen hierbei „Kreuzungen" der verschiedenen Achsen der Differenz, aus denen Ungleichbehandlungen und Dikriminierung hervorgehen können, vergleichbar mit Straßenkreuzungen, an denen Straßen eine Verbindung miteinander eingehen, jedoch auch weiterhin als Straßen existieren. Man spricht bei einer Kreuzung nicht von „zwei Straßen", sondern von „einer Kreuzung" *(intersection)*. So bleiben auch die Achsen der Trias und ebenso ihre Forschungszweige *class-, gender-,* und *race-studies*. Ziel ist dabei nicht die Aufsummierung zweier (oder mehrerer) Kreuzungen, nach dem Motto: „Eine schwarze Frau wird genau doppelt so viel diskriminiert wie eine weiße Frau", sondern eine verhältnisgemäße Betrachtung ihrer besonderen Ausprägung.

Crenshaw machte in ihrem Essay „Demarginalizing the Intersection of Race and Sex: A Black Feminist Critique of Antidiscrimination Doctrine, Feminist Theory, and Antiracist Politics" darauf aufmerksam, dass in Rechtsgebungen, die Diskriminierungen in der Einstellungspolitik großer Firmen, Schlupflöcher bestehen, die die Nicht-Einstellung schwarzer Frauen zuließen. In Stellungnahmen der betroffenen, angeklagten Firmen, zum Beispiel General Motors, heißt es: Tatsächlich werden Frauen eingestellt (und zwar weiße) und es werden auch Schwarze eingestellt (nämlich Männer), doch um die Rechte derer, die von beiden Achsen der Differenz betroffen sind, die schwarzen Frauen, kümmert sich niemand. Sie fallen vollständig aus dem Raster. Hier könnte die Politik der *„intersections"*, die Crenshaw proklamiert greifen, die eben auch „mehrfach Betroffene", in ihrem Fall noch besonders farbige Frauen, in den Blick nimmt.

Ein ähnlicher Ansatz ist schon beim „Black Feminist Statement" des Bostoner *Combahee River Collective,* einer Organisation schwarzer, lesbischer Frauen, erkennbar. Hier ist von den Schwierigkeiten mit einer Überkreuzung von *„implications of race and class as well as* *sex*[1] (s. Quelle S. 17) die Rede. Das Combahee River Collective bedient sich allerdings einer anderen politischen Methodik, als sie später, unter anderem von Crenshaw vorgeschlagen wird: Es geht hierbei um das sogenannte „*consciosness raising*", also einer eher subjektiv und an der einzelnen Person erfahrbaren Methode. Hiernach ist die eigene gesellschaftliche Situation ausschließlich durch eigene Erfahrung vermittelbar. Ein „sich in die Situation von anderen, z. B. schwarzen Frauen, hinein versetzen" ist nicht möglich, solange man nicht selbst eine diskriminierte schwarze Frau ist. So geht dann auch der Kampf gegen (Mehrfach-) Diskriminierung schwarzer Frauen von eben diesen schwarzen Frauen aus.

3) Drei Ebenen der Komplexität (nach McCall)

In ihrem Text „*The Complexity of Intersectionality*" geht Leslie McCall auf drei Ebenen der Komplexität ein, die auftreten, wenn man das Problem der mehrachsigen Benachteiligung. Sie zeigen drei Herangehensweisen an die Problematik auf, auf die sich auch in späteren Diskussionen zu dem Thema oft bezogen wird. Diese Ebenen lassen sich wie folgt darstellen:

a) Antikategoriale Ebene – Das Ziel ist die langfristige Abschaffung (Dekonstruktion) aller Differenzkategorien sowie deren Inhalte. Dies sei notwendig, da die soziale Individuum komplex und daher nicht in starren Kategorien fassbar sei.

b) Interkategoriale Ebene - Bestehende Analysekategorien (zum Beispiel Hautfarbe, sozialer Status etc.) sollen adaptiert und auf das Forschungsfeld der Intersektionalität angewandt werden. Daraufhin sollen Wechselwirkungen zwischen eben diesen Kategorien erkennbar werden und im Blickpunkt der Forschung stehen. Diese Ebene stellt laut Klinger und Knapp das eigentliche methodische Ziel der Arbeit mit der Intersektionalität dar.

c) Intrakategoriale Ebene - Hier wird eine bestehende Kategorie auf ihren Inhalt hin untersucht, z. B. im Forschungsfeld der *gender studies*. Gleichzeitig wird diese Kategorie auf einer antikategorialen

---

1 *Sex* steht hier statt *gender*, da das *Combahee River Collective* in einer „vor-konstruktivistischen" Zeit stammt, als die Unterscheidung dieser Begriffe in der theoretischen Diskussion noch nicht determiniert war. Da sich das *Collective* aber gegen Biologismen in Bezug auf Geschlecht wehrt (siehe z. B. S. 17), kann der Begriff *sex* in diesem Kontext heute durch *gender* ersetzt werden.

Ebene auf ihren Betand hin untersucht. Aufgrund der Beschränkung auf eine Kategorie sind auf einer rein intrakategorialen Ebene jedoch keine Wechselwirkungen zwischen Differenzkategorien untersuchbar.

4) Der Ansatz Klinger/Knapps

Es soll im folgenden um Verhältnisbestimmungen der Trias Klasse, Geschlecht und Rasse/Ethnizität gehen. Klinger und Knapp stellen sich zu Anfang ihres Artikels zwei Grundfragen: Erstens, wie verändert sich die Form der Ungleichheiten in unserer Gesellschaft und zweitens, wer legt die Struktur der Ungleichheiten fest. Dabei stellen sie fest, dass die Achsen jener Trias sich in Hinblick auf ihre Behandlung voneinander unterscheiden, aber ebenso in Wechselwirkung miteinander treten können, was Bezug auf die von McCall definierte interkategoriale Untersuchungsebene nimmt.

Des weiteren wird von zwei Vorannahmen ausgegangen: Zum einen stelle sich „Ungleichheit" als ständiges prägendes Merkmal unser Gesellschaft dar. Die Feststellung von (individueller) Differenz ist also keine temporäre, zu vernachlässigende Erscheinung, sie konstituiert sowohl Gesellschaft als auch Individuum. Dabei steht sie in einem „Widerspruch zwischen den Funktionsgesetzen und -mechanismen der modernen kapitalistischen Gesellschaft einerseits und ihren Leitideen und Prinzipien von Freiheit, Gleichheit und Solidarität auf der anderen Seite." (Klinger/Knapp: S. 20)

Mit anderen Worten: Die genannten Werte stellen die Grundpfeiler unserer Gesellschaft dar, sie lassen sich aber aufgrund der strukturgebenden Ungleichheit zwischen Menschen und Menschengruppen nicht realisieren. Dies ist der Grund dafür, dass Diskriminierungen immer vorhanden sind, obwohl sie sich mit den Werten, die die Gesellschaft anstrebt, nicht vereinbaren lassen.

Die zweite Vorannahme bezieht sich auf die Beschränkung auf die bereits genannte Trias von Klasse, Rasse/Ethnizität[2] und Geschlecht. Diese drei Kategorien werden laut Klinger/Knapp als strukturgebend angesehen, da sie alte Formen der Ungleichheit (ein streng hierarchisches Weltbild, zum Beispiel Adel – Volk) abgelöst haben.

---

2 Der Begriff „Rasse" erscheint, vor allem im deutschsprachigen Raum, vorbelastet, weshalb auch auf den Begriff „Ethnizität" ausgewichen wird. Hier soll jedoch Knapp/Klinger gefolgt werden (S. 20), indem wir „Rasse" als einen biologistisch aufgeladenen Term begreifen und „Ethnizität" als eine Beschreibung für kulturell definierten Unterschied. Da diese Unterscheidung nicht Gegenstand dieses Aufsatzes sein kann, werde ich weiterhin den Begriff „Rasse" in Bezugnahme auf die aus dem amerikanischen kommende Debatte um „race" verwenden.

Klinger/Knapp machen als Ziel der *intersectionality*, die als Intersektionalität in die deutsche Debatte um Ungleichheiten eingeführt wurde, aus, dass diese „helfen [soll], vorschnelle Gewichtungen bzw. Hierarchisierungen zu vermeiden und den Blick auf die je spezifische Verfasstheit der Strukturzusammenhänge von ''race/ethnicity, class, gender'' offen zu halten." (Klinger/Knapp, S. 21) Es geht also sowohl darum, Differenzen zwischen den Kategorien als solche zu erkennen, als auch darum, ihre Zusammenhänge und Wechselwirkungen untereinander zu untersuchen.

5) Intersektionalität in der Ungleichheitssoziologie

Die heutige Soziologie steht vor methodologischen Problemen: Lange pflegte sie Arbeitsteilung zwischen den Bereichen der Ungleichheitsstrukturanalyse und der Ungleichheitstheorie an sich, das bedeutet Theorie und Empirie wurden getrennt voneinander behandelt und selten direkt aufeinander zurückgeführt. Ebenso wurde der Fokus der Forschung eher auf „horizontale Disparitäten" (vgl. Knapp/Klinger, S. 22) gelegt, statt zu erkennen, dass „Ausschläge" in den Vordergrund das Bild bestimmen. Man benannte herrschende Ungleichheitsverhältnisse um in „Vielfalt"; Kontinuitäten zwischen den einzelnen Achsen wurden in der Untersuchung systematisch vernachlässigt. Die heutige Soziologie bedient sich im Gegensatz dazu stärker komparativer Methoden und Perspektiven. Gerade auch durch starken internationalen Austausch der Forschungsschulen wird ihr Blick auch für andere regionale Untersuchungspunkte und Kriterien sensibel. „*race*"-Fragen werden zum Beispiel in England unter dem Konzept *underclass* geführt, in Frankreich heißen die Stichworte „Exklusion" oder „die Überflüssigen".

Kurz: Ungleichheiten werden als zusammenhängendes Problem erkannt, die von einer gemeinsamen Basis ausgehend zusammenhängend untersucht werden müssen, wobei diese Basis immer den gesellschaftlichen Zusammenhang mit einbezieht. Ebenso gilt die Prämisse, dass eine Forschungsfeld, will es denn möglichst objektiv sein, sich selbst einer kritischen Reflexion unterziehen muss.

„Deutlich wird in diesen Debatten, dass und warum Ungleichheit jenseits eines gesellschaftstheoretischen Horizonts nicht verstanden werden kann. Nicht zufällig ist daher der Konnex von Ungleichheitsanalyse und Gesellschaftstheorie eine der Zentralachsen, um die sich die Einschätzung von theoretischen Desideraten dreht." (Klinger/Knapp, S. 25)

6) Intersektionalität als Mittel zur gesellschaftstheoretischen Reflexion

Um Reflexion innerhalb der Gesellschaftstheorien geht es auch im nächsten Kapitel von Klinger und Knapp. Gerade dieses Feld erweist sich nämlich als bisher vernachlässigte „Großbaustelle" (vgl. Klinger/Knapp, S. 25) der Forschung. Es stellt sich heraus, dass die dieses Feld bearbeitenden Theoretiker von unterschiedlichen „axialen Prinzipien" der Vergesellschaftung (nach Bell) ausgehen. Das bedeutet, dass zum Beispiel ein Forscher, dessen Hauptaugenmerk aus marxistischer Gesellschaftsanalyse liegt eine andere Gewichtung von Problemen annimmt, als zum Beispiel ein streng an *gender*-Themen orientierter. Er wird an Forschungsprobleme wiederum anders herangehen, als beispielsweise ein Kommunikationstheoretiker. Diese Strömungen in der Gesellschaftstheorie sind außerdem in sich selbst heterogen. Oft sind „Trends"(„*single-issues"*) der aktuellen Gesellschaftsbezeichnung (z. B. Konsumgesellschaft, Wissensgesellschaft), und damit auch des damit verbundenen Forschungsfeldes entscheidend.

Hier wirken auch forschungsökonomische Interessen: Was wird zur Zeit gefördert? Auf welches Resultat soll eine gesellschaftswissenschaftliche Studie kommen?

Axiale Prinzipen können im gesellschaftlichen Umfeld reale Merkmale oder theoretische Begriffe bezeichnen.

„Unsere Ausgangssetzung von Klasse/ ''Rasse'' bzw. Ethnizität/ Geschlecht als 22 Achsen der Ungleichheit'' verbindet nominalistische und realistische Gesichtspunkte. Wir setzen sie als *mögliche* Unterscheidungen, deren Auswahl gleichwohl nicht zufällig erfolgt, sondern auf dem Hintergrund *aktueller* Problemlagen und neuer Problematisierungen, die ihrerseits in die *Geschichte* der gegenwärtigen Gesellschaftsformation verweisen." (Klinger/Knapp, S. 26f)

Unter Berücksichtigung des Ansatzes der *intersectionality* ist ein umfassenderes Gesamtbild der Gesellschaft möglich. Es werden hier nämlich die Merkmale, die für die heutige europäische Gesellschaft prägend waren und sind (namentlich Modernität, bürgerliches Patriachat, Nationalstaat) in Zusammenhang gebracht. Ein Konzept, dass die damit in Verbindung stehende Trias *race, class* und *gender* nicht berücksichtigt oder den Fokus eben nur auf eine dieser Achsen legt, kann das essentiellen Zusammenwirken nicht begreifen.

Im weiteren Verlauf stoßen Klinger und Knapp auf ein weiteres, systematisches Problem, dass nämlich die

„Differenzierung von Menschen nach Kriterien sozialer Ungleichheit und die

Differenzierung von Ordnungen oder Teilsystemen nach bestimmten Leitkriterien" als die „beiden wichtigsten theoretischen Konzepte, die die Soziologie für eine möglichst umfassende Analyse moderner Gesellschaften anzubieten hat." (Klinger/Knapp zitierend Schwinn auf S. 27)

Mit anderen Worten: Nicht nur Menschen selbst denken gern und ständig in Kategorien um sich selbst oder andere in ein Gesamtkonzept einzuordnen; auch die Soziologie als Wissenschaft verfährt kategorial, zum Beispiel indem sie eine Gesellschaft in Abgrenzung zu anderen Gesellschaften bestimmt und erforscht.

Im Aufsatz folgt nun ein Exkurs über die Kritischen Theorie nach Horkheimer und der Frankfurter Schule, welche ein Beitrag in die richtige Richtung (vgl. Klinger/ Knapp, S.28) sei.

Ein Fazit ist hier, dass unsere Gesellschaft von Ungleichheiten geprägt ist und die Probleme, die sie hat, sind gesellschaftlich selbst hergestellt.

Besonders die Achse „Geschlecht" wird von vielen Gesellschaftstheorien vernachlässigt (*„down-sizing"*), da sie oftmals im privaten Bereich verortet wird. Das bedeutet, dass „Geschlecht" für eine Gesellschaftstheorie als unwichtig oder zweitrangig erachtet wird, kurz: Sie findet keine Berücksichtigung in der Theoriefindung. Auch hier bietet die Trias von race, class und gender Vorzüge, da sie Geschlecht als Analyseebene einbezieht und ernstnimmt.

7) Achsen der Ungleichheit

Das letzte Kapitel des Aufsatzes „Achsen der Ungleichheit – Achsen der Differenz" bietet einen Überblick auf die Ursprünge und Hintergründe der *intersectionality,* sowie einen Abriss über Crenshaws drei Analysebenen.

Ausgangspunkt für das Auffinden der drei behandelten Ebenen waren die *Critical Race Studies,* die *Gender Studies* und die *Class Studies*, die aus der anglo-amerikanischen Soziologie, zum Beispiel durch Forscherinnen wie Gudrun-Axeli Knapp, in den letzten Jahren Eingang in die europäische und insebesondere auch in die deutsche Debatte um Ungleichheiten und Differenzen gefunden haben.

Diese drei Forschungsrichtungen entstanden im Zuge der auf Protest gegen herrschende Diskriminierungsverhältnisse ausgelegten „68-er Bewegung".

„In der Folge wenden sich neu entstehende politische bzw. Neue Soziale Bewegungen ''single-issues'' zu, während die Theoriebildung eine dekonstruktive/ postmoderne Wendung nimmt." (Klinger/ Knapp, S. 33)

Proteste gegen Diskriminierung von Frauen und Farbigen bilden zwei der drei Ursprungsachsen der Trias. Klasse ist in diesem Zusammenhang vor dem Hintergrund der Ablehnung zu sehen, die diese Kategorie nach ihrer kurzen „Rennaissance" (vgl. Knapp/Klinger, S. 33) erfahren hat.

Im weiteren Verlauf stellen sich nicht nur die Kategorie „Klasse", die an sich als von herrschenden Machtverhältnissen determiniert gilt, sondern auch die Kategorien „Geschlecht" und „Rasse" als biologistische, „nicht-natürliche" und konstruierte Konzepte heraus. Mitglied einer „diskriminierten Gruppe", zum Beispiel eine Frau, zu sein, ist also nicht „Schicksal", denn erstens ist die Tatsache, dass nach dem Kriterium „Geschlecht" überhaupt unterschieden wird, ein gesellschaftliches Konstrukt und zweitens ist ebenfalls der Umstand, dass eine dieser beiden, so unterschiedenen Gruppen („Frauen") auf diese Weise diskriminiert wird.

1987 stellte Kimberlé Crenshaw den Begriff *intersectionality* vor, der erstmals kategorisch jene Achsen der Differenz zusammen in Frage stellt. Dieses Konzept wurde bald zur Leitidee von vielen GeschlechterforscherInnen und SoziologInnen und findet inzwischen auch innerhalb der Vereinten Nationen als Alternativkonzept zum Gender Mainstreaming Anwendung.

Knapp und Klinger stellen jedoch klar, dass diese Analysebegriffe auf der „programmatischen Ebene" statt auf der „Subjektebene" (vgl. Knapp/Klinger, S. 36) angesiedelt werden sollten. Das bedeutet, dass es nicht um persönliche die „Betroffenheit" einer Zugehörigkeit zu einer dieser Kategorien („Subjektebene") gehen kann, sondern darum, die Relevanz einer Differnezachse für die Gesellschaft aufzuzeigen.

Zuletzt stellen Klinger und Knapp nun McCalls drei Analysekategorien dar. Dabei sei die inter-kategoriale Zugangsweise diejenige, die für eine endlich umfassend adäquate Gesellschaftstheorie „das eigentliche Ziel ist, das allerdings noch in weiter Ferne steht." (Klinger/Knapp, S. 36)

Nur diese Ebene kann, laut Knapp und Klinger, über das Einzelne, in Form des Individuums oder einer *single-issue*, hinausgehen und endlich ein umfassendes Ergebnis, in Form einer Methodologie, liefern.

8) Fazit

Vor dem Finden einer Methode muss ein theoretisches Gerüst her, um die Methodologie zu stützen. ForscherInnen wie Crenshaw und McCall haben sich mit der Theorie eingehend beschäftigt und wertvolle Grundlagen für die heutige soziologische Forschung geschaffen.

Nun stehen SoziologInnen, GeschlechterforscherInnen, *race-* und *class*-ForscherInnen vor der Aufgabe, diese neu definierten Maximen in ihre bestehenden Konzepte einzugliedern oder aber sich einer neuen Richtung innerhalb ihres Forschungsgebietes anzuschließen – der *intersectionality.*

Die Forschungsrichtung der „Intersektionalität", wie wir sie im Deutschen nennen, hat gegenüber den Bereichen, die sich mit *single issue-* Linien beschäftigen, viele Vorteile, die ich auf den voraus gegangenden Seiten erörtert habe. Vor allem kann sie aufgrund ihrer Interdisziplinarität eines leisten: Sie wirft einen Blick auf den Punkt, an dem sich verschiedene Achsen der Ungleichheit treffen und überschneiden. Mit anderen Worten: Man erkennt, was bei mehrfachem Zutreffen dieser Achsen an einer Person oder einer Gesellschaftsgruppe innerhalb der Gesellschaft geschieht.

Aber es gibt auch Punkte an diesem Konzept, die kritisch zu betrachten sind. Klinger und Knapp gehen für die Ungleichheitsforschung, auf die die Intersektionalität in diesem Punkt zurückgeht, von einem marxistisch-orientiertem Gesellschaftsbild aus, indem sie, z. B. auf Seite 21, von den „modernen, kapitalistischen Gesellschaften Westeuropas" spricht, deren Ungleichheitsverhältnisse sich gut mit dem Konzept de Intersektionalität untersuchen ließen. Der Begriff „modern" wird hier völlig unreflektiert gebraucht, wie selbstverständlich wird davon ausgegangen, dass eine „kapitalistische" Gesellschaft zwangsläufig das Ungleichheitsverhältnis „Klasse" hervorbringt, wobei „Klasse" als homogener Begriff in diesem Zusammenhang doch kaum haltbar ist.

Ich zitiere von Seite 30f.:

„Auch ohne Subjekt und ohne Geschichte, befinden wir uns immer noch in Gesellschaft und zwar in schlechter Gesellschaft, d. h. in einer Gesellschaft die durch Ungleichheiten geprägt ist, die von Armut, Hunger, Not und Gewalt sehr verschiedener und auch noch der krassesten Art heimgesucht wird, ohne diese alten Geißeln der Menschheit angesichts der gleichzeitig enorm wachsenden Macht und des Reichtums noch als gott- oder naturgegeben hinnehmen zu müssen und beten zu können. Wir müssen unsere Probleme als gesellschaftlich gemacht verstehen"

Zunächst einmal: „Schlechte Gesellschaft" ist ein misslungener Wortwitz. Dass in unserer Gesellschaft Ungleichheiten herrschen, ist ein Sachverhalt, der mit „schlecht" ungenügend, und noch dazu wertend, erklärt wird. Die Gesellschaft weist sich selbst die Schuld an ihren „Geißeln", den gebetsmühlenartig aufgezählten, vermeintlichen Auswirkungen von Ungleichheit, zu? Schön wär´s! Es ist reichlich übertrieben zu sagen, dass wir als Gesellschaft unsere Probleme nicht mehr als „gott- oder naturgegeben" sehen. Dafür spricht zum Beispiel das Erstarken der *intelligent design* – Bewegung in den, ach so aufgeklärten

USA. Wer zu Gott betet, er möge den Ölpreis senken, dem darf man wohl kaum bescheinigen, dass er gesellschaftliche Probleme als Resultat von selbst erschaffenen Ungleichheiten erkennt. Dasselbe gilt auch für uns Europäer. So darf der letzte Satz des Zitats so stehen, dass wir „unsere Probleme" tatsächlich als „gesellschaftlich gemacht verstehen" müssten, um daraus zu schließen, dass man mit Methoden, wie der der Intersektionalität etwas verändern kann. Dass dieses tatsächlich von unserer Gesellschaft geleistet werden kann, steht dagegen keineswegs fest.

Nach wie vor sehe ich persönlich außerdem die Beschränkung auf die drei Achsen der Trias „Geschlecht" , „Rasse /Ethnizität" und „Klasse" als höchst problematisch. Wie kann man entscheiden, dass genau diese drei Unterscheidungskriterien die heutige Gesellschaft prägen? Es wird gelegentlich angeführt, dass in diesen drei Kategorien eine gesellschaftliche Minderbewertung der (Erwerbs-)arbeit vorgenommen wird, worauf die Diskriminierung dann beruht. Dieses Argument erscheint mir sehr einseitig: (Erwerbs-) arbeit stellt immerhin nur einen Teil des Lebens eines Individuums und auch nur einen Teilbereich der Gesellschaft dar, nämlich den nicht-privaten. Ist es nicht so, dass selbst Kinder schon Ungleichheiten untereinander bemerken und Bewertungen dieser Beobachtungen von den Eltern, unabhängig von „Arbeit", übernehmen?

Durch die Einbeziehung von „Geschlecht", „Rasse" und „Klasse" werden wieder nur diejenigen Fachbereiche (*gender studies* etc.) integriert, die bereits eine „Lobby" haben. Andere Ungleichheitsmerkmale können in bestimmten Fällen eine weitaus höhere Bedeutung haben, als diese drei angestammten. Für eine Frau, die beispielsweise diskriminiert wird, weil er eine körperliche oder geistige Behinderung hat, hat diese Form der Diskriminierung mit Sicherheit eine größere Bedeutung als die Diskriminierung aufgrund ihres Geschlechts. Deshalb dürfen sich die Forschungen nicht auf drei Differenzmerkmale beschränken: Ebenso können Religion, der Grad an körperlicher oder geistiger Behinderung, sexuelle Orientierung, Körpergewicht und -größe und vieles weiteres mehr für die Beurteilung und wissenschaftliche Untersuchung einer Ungleichheitssituation bedeutsam sein. Es darf nicht mit dem Argument, dass sich mit unendlich vielen zu untersuchenden Ungleichheitsmerkmalen keine einheitliche Methodologie entwickeln ließe, darauf verzichtet werden, wenn man tatsächlich eine intersektionelle Lösung finden möchte, die möglichst umfassend und gerecht ist.